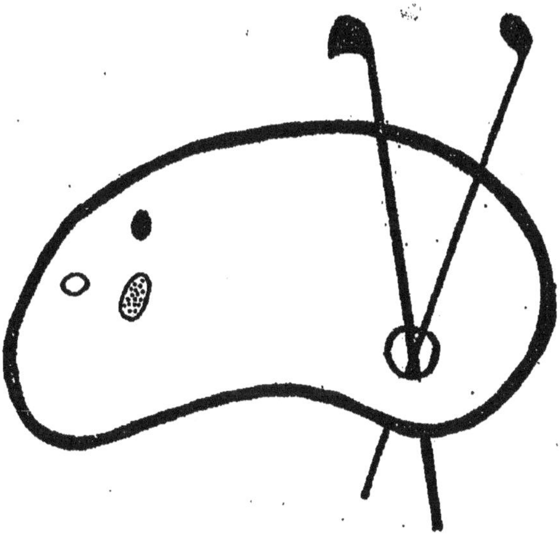

DEBUT D'UNE SERIE DE DOCUMENTS
EN COULEUR

SCIENCE ET RELIGION
Études pour le temps présent

LE SYLLABUS

ÉTUDE DOCUMENTAIRE

PAR

l'Abbé Pierre HOURAT
du Clergé de Bayonne

II

Deuxième phase : 1861-1862

TRAVAUX DE LA COMMISSION : DEUXIÈME ET TROISIÈME PROJETS DE SYLLABUS — COMMUNICATION AUX ÉVÊQUES — LEUR RÉPONSE.

PARIS
LIBRAIRIE BLOUD & Cie
4, RUE MADAME ET RUE DE RENNES, 59
1904

SCIENCE ET RELIGION

Études pour le temps présent. — Prix 0 fr. 60 le vol.

1 **Certitudes scientifiques et Certitudes philosophiques,** par A. DE LA BARRE, prof. à l'Institut catholique de Paris... 1 vol.

2 **L'Ame de l'homme,** par J. GUIBERT, supérieur du Séminaire de l'Institut catholique de Paris... 1 vol.

3 **Faut-il une religion ?** par M. l'abbé GUYOT, ancien professeur de Théologie... 1 vol.

4 *Du même auteur :* **Pourquoi y a-t-il des hommes qui ne professent aucune religion ?**... 1 vol.

5 **Nécessité scientifique de l'existence de Dieu,** par Pierre COURBET... 1 vol.

6 *Du même auteur :* **Jésus-Christ est Dieu**... 1 vol.

7 8 9 **Etudes sur la Pluralité des mondes habités et le dogme de l'Incarnation,** par le R. P. ORTOLAN, membre de l'Académie de Saint-Raymond de Pennafort et de la Société astronomique de France... 3 vol.

I. — *L'Epanouissement de la vie organique à travers les Plaines de l'infini*... 1 vol.

II. — *Soleils et Terres célestes*... 1 vol.

III. — *Les Humanités astrales et l'Incarnation*... 1 vol.

Chaque volume se vend séparément.

10 **L'Au-delà ou la Vie future d'après la Foi et la Science,** par M. l'abbé J. LAXENAIRE, de l'Académie de Saint-Thomas d'Aquin, professeur de Théologie... 1 vol.

11 **Le Mystère de l'Eucharistie. — Aperçu scientifique,** par M. l'abbé CONSTANT, docteur en Théologie... 1 vol.

12 **L'Eglise catholique et les Protestants,** par G. ROMAIN. 1 vol.

13 **Mahomet et son œuvre,** par I.-L. GONDAL, supérieur du grand séminaire de Toulouse... 1 vol.

14 15 **Christianisme et Bouddhisme,** par M. l'abbé THOMAS, vicaire général de Verdun... 2 vol. Prix : 1 fr. 20

16 **Où en est l'Hypnotisme,** son histoire, sa nature et ses dangers, par A. JEANNIARD DU DOT... 1 vol.

17 *Du même auteur :* **Où en est le Spiritisme,** sa nature et ses dangers... 1 vol.

18 **L'Apologétique historique au XIXe siècle. — La critique irréligieuse de Renan.** (*Les précurseurs. — La Vie de Jésus. — Les adversaires. — Les résultats*), par l'abbé Ch. DENIS. 1 vol.

19 **Nature et Histoire de la liberté de conscience,** par le chanoine CANET, docteur en philosophie et ès lettres de l'Université de Louvain... 1 vol.

20 **L'Animal raisonnable et l'Animal tout court,** *Etude de Psychologie comparée,* par C. DE KIRWAN... 1 vol.

21 **La Conception catholique de l'Enfer,** par L. BRÉMOND, docteur en Théologie... 1 vol.

22 **L'Eglise russe,** par I.-L. GONDAL... 1 vol.

23 **La Fausse Science contemporaine et les Mystères d'Outre-tombe,** par le R. P. ORTOLAN... 1 vol.

24 *Du même auteur :* **Vie et Matière ou Matérialisme et Spiritualisme en présence de la Cristallogénie**... 1 vol.

25 *Du même auteur :* **Matérialistes et Musiciens**... 1 vol.

26 **Le Mal,** sa nature, son origine, sa réparation. *Aperçu philosophique et religieux,* par M. l'abbé CONSTANT... 1 vol.

27 **Dieu auteur de la vie,** par M. l'abbé THOMAS, vicaire général de Verdun... 1 vol.

28 *Du même auteur :* **La Fin du monde d'après la Foi.** 1 vol.

29 **L'Attitude du catholique devant la science,** par G. Fonsegrive.. 1 vol.

30 *Du même auteur :* **Le Catholicisme et la Religion de l'Esprit**.. 1 vol.

31 **Du Doute à la Foi,** le besoin, les raisons, les moyens, le devoir, la possibilité de croire, par le R. P. Tournebize, S. J., avec lettre-préface de M. F. Coppée, de l'Académie française....... 1 vol.

32 **La Synagogue moderne,** sa doctrine et son culte, par A.-F. Saubin.. 1 vol.

33 **Evolution régulière et Immutabilité de la doctrine religieuse dans l'Eglise,** par M. Prunier, supér. du grand séminaire de Séez.. 1 vol.

34 **La Religion spirite,** son dogme, sa morale et ses pratiques, par I. Bertrand.. 1 vol.

35 **L'Hypnotisme franc et l'Hypnotisme vrai,** par le Docteur Hélot.. 1 vol.

36 **Convenance scientifique de l'Incarnation,** par Pierre Courbet.. 1 vol.

37 **L'Eglise et le Travail manuel,** par M. l'abbé Sabatier, du clergé de Paris.. 1 vol.

38 **L'Inquisition,** son rôle religieux, politique et social, par G. Romain.. 1 vol.

39 **L'Hypnotisme et la Science catholique,** par A. Jeanniard du Dot.. 1 vol.

40 **Unité de l'espèce humaine,** *prouvée par la similarité des conceptions et des créations de l'homme,* par le marquis de Nadaillac.. 1 vol.

41 **Le Socialisme contemporain et la Propriété.** — *Aperçu historique,* par M. Gabriel Ardant.. 1 vol.

42 **Pourquoi le Roman immoral est-il à la mode et pourquoi le Roman moral n'est-il pas à la mode ?** *Etude sociale et littéraire,* par G. d'Azambuja.. 1 vol.

43 **Opinions du jour sur les peines d'Outre-tombe.** *Feu métaphorique. — Universalisme. — Conditionnalisme. — Mitigations,* par le R. P. Tournebize, S. J.. 1 vol.

44 **Le Talmud et la Synagogue moderne,** par A. F. Saubin. 1 vol.

45 **L'Occultisme ancien et moderne.** — *Les mystères religieux de l'antiquité païenne. — La Kabbale maçonnique. — Magie et Magiciens fin de siècle,* par I. Bertrand.. 1 vol.

46-47 *L'Evolution est-elle une loi générale de la vie ?* **L'Homme et le Singe,** par le marquis de Nadaillac. 2 vol. Prix : 1 fr. 20

48 *L'Ordre de la nature et le Miracle,* **Faits surnaturels et Forces naturelles, chimiques, psychiques, physiques,** par le R. P. de la Barre, S. J.. 1 vol.

49 **Comment se sont formés les Evangiles.** *La Question synoptique. — L'Evangile de saint Jean,* par le P. Th. Calmes, professeur au grand séminaire de Rouen.. 1 vol.

50 **L'Hypnotisme transcendant en face de la philosophie chrétienne,** par A. Jeanniard du Dot.. 1 vol.

51 **L'Impôt et les Théologiens.** *Etude philosophique, morale et économique,* par le comte Domet de Vorges.. 1 vol.

52 **Nécessité mathématique de l'existence de Dieu.** *Explications. — Opinions. — Démonstration,* par René de Cléré. 1 vol.

53 **Saint Thomas et la Question juive,** par Simon Deploige, professeur à l'Université catholique de Louvain.. 1 vol.

54 **Premiers principes de Sociologie catholique,** par l'abbé Naudet, professeur au Collège libre des sciences sociales. 1 vol.

55-56 **Le Déluge de Noé et les races Prédiluviennes,** par C. de Kirwan.. 2 vol. Prix : 1 fr. 20

57 **La Patrie.** — *Aperçu philosophique et historique*, par J.-M. VILLEFRANCHE........ 1 vol.

58 *Protestants et Catholiques au XVIe siècle.* — **La Saint-Barthélemy**, par Henri HELLO........ 1 vol.

59 **L'Esprit et la Chair.** *Philosophie des macérations*, par Henri LASSERRE........ 1 vol.

60 **L'Esprit chrétien et les Affaires**, par G. D'AZAMBUJA. 1 vol.

61 **Les Ressorts de la Volonté et le libre Arbitre**, par le comte DOMET DE VORGES........ 1 vol.

62-63 **Le Levier d'Archimède ou la Mécanique céleste et le Céleste Mécanicien**, par le R. P. ORTOLAN. 2 vol. Prix : 1 fr. 20

64 **Ce que le Christianisme a fait pour la Femme**, par G. D'AZAMBUJA........ 1 vol.

65 **L'Hypnotisme et la Stigmatisation**, par le Dr A. IMBERT-GOURBEYRE........ 1 vol.

66 **L'Education chrétienne de la Démocratie**, *Essai d'apologétique sociale*, par l'abbé Ch. CALIPPE........ 1 vol.

67 **La Religion catholique peut-elle être une science ?** par l'abbé G. FRÉMONT........ 1 vol.

68 *Même auteur :* **Que l'Orgueil de l'Esprit est le grand écueil de la Foi.** *Théodore Jouffroy, Lamennais, Ernest Renan.* 1 vol.

69 **La Révélation devant la Raison**, par F. VERDIER, supérieur de grand séminaire........ 1 vol.

70 **Confréries musulmanes.** — *Histoire.* — *Discipline.* — *Hiérarchie*, par le R. P. PETIT........ 1 vol.

71 **Pratique de la Liberté de conscience dans nos Sociétés contemporaines**, par le chanoine CANET........ 1 vol.

72 **Comment peut finir l'Univers**, d'après la science et d'après la Bible, par C. DE KIRWAN........ 1 vol.

73 **Les Théories modernes de la Criminalité**, par le Dr DELASSUS........ 1 vol.

Faillite du Matérialisme, par Pierre COURBET. 3 vol. *se vendant séparément :*

74 I. — *Historique*........ 1 vol.

75 II. — *Discussion ; l'atome et le mouvement*........ 1 vol.

76 III. — *Discussion ; l'éther, le gaz, l'attraction.* — *Conclusion.* — *Appendice*........ 1 vol.

Le Globe terrestre, par A. DE LAPPARENT, membre de l'Institut. 3 vol. *se vendant séparément :*

77 I. — *La Formation de l'écorce terrestre*........ 1 vol.

78 II. — *La Nature des mouvements de l'écorce terrestre.* 1 vol.

79 III. — *La Destinée de la terre ferme et la Durée des temps.* 1 vol.

80 **De la connaissance du Beau**, *sa définition, application de cette définition aux beautés de la nature*, par l'abbé GABORIT. 1 vol.

81 **Le Diable dans l'Hypnotisme**, par le docteur Ch. HÉLOT 1 vol.

82 **De la Prospérité comparée des nations catholiques et des nations protestantes**, *au point de vue économique — moral — social*, par le R. P. FLAMÉRION, S. J........ 1 vol.

83 **L'Art et la Morale.** — *L'art indépendant.* — *L'art apôtre.* — *L'art dangereux.* — *L'art pervers.* — *Le nu dans l'art*, par le R. P. SERTILLANGES, O. P........ 1 vol.

84 **La Sorcellerie**, par L. BERTRAND........ 1 vol.

85 **Qu'est-ce que l'Écriture Sainte ?** — *Les livres inspirés dans l'antiquité chrétienne.* — *Théorie de l'inspiration*, par le P. Th. CALMES........ 1 vol.

86 **Le Problème de la Vie ou le Principe vital devant la Science et la Métaphysique**, par l'abbé C. MANO, docteur en philosophie........ 1 vol.

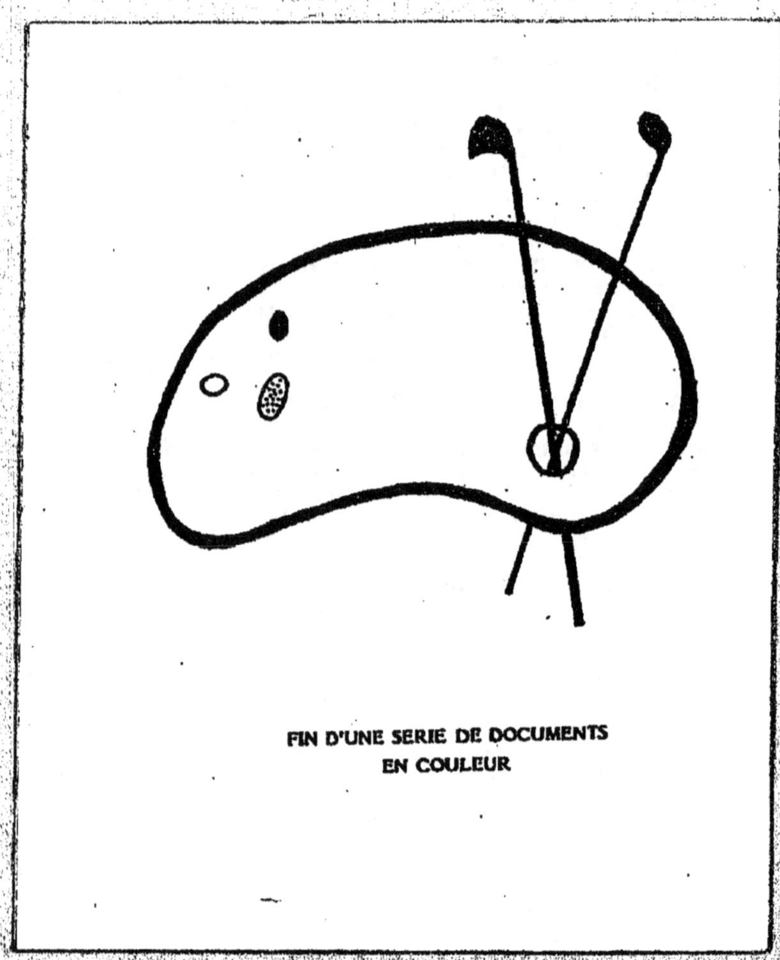
FIN D'UNE SERIE DE DOCUMENTS
EN COULEUR

SCIENCE ET RELIGION

Études pour le temps présent

LE SYLLABUS

ÉTUDE DOCUMENTAIRE

PAR

L'Abbé Pierre HOURAT

du Clergé de Bayonne

II

Deuxième phase : 1861-1862

TRAVAUX DE LA COMMISSION : DEUXIÈME ET TROISIÈME PROJETS DE SYLLABUS — COMMUNICATION AUX ÉVÊQUES — LEUR RÉPONSE.

PARIS

LIBRAIRIE BLOUD & Cie

4, RUE MADAME ET RUE DE RENNES, 59

1904

LE SYLLABUS

ETUDE DOCUMENTAIRE

CHAPITRE PREMIER

DEUXIÈME PROJET DE SYLLABUS (1)

SYLLABUS PROPOSITIONUM QUIBUS PRÆCIPUI NOSTRI TEMPORIS ERORRES CONTINENTUR (2)

SYLLABUS DES PROPOSITIONS CONTENANT LES PRINCIPALES ERREURS DE NOTRE TEMPS.

I

De Religione et Societate

I. Deus aut non existit aut nullam habet rerum creatarum curam.

II. Progressus civilis re-

I

De la Religion et de la Société.

I. *Ou Dieu n'existe pas ou il n'a aucun souci de la création.*

II. Le progrès de la ci-

(1) Voir l'histoire de ce projet dans notre premier volume : Enquête dans le monde catholique, etc... Le texte que nous donnons ici est conforme à celui que le P. Rinaldi a trouvé dans les papiers de Mgr Jacobini. Le numéro d'ordre qui suit chaque proposition se réfère à la proposition correspondante de Mgr Gerbet dont on trouvera la lettre pastorale dans notre premier volume. — Les mots en italique sont ceux qui ont été ajoutés ou modifiés.

(2) C'est le titre même donné par la Commission.

vilisation demande que la société humaine soit constituée sur des bases purement temporelles ; *sans le moindre rapport avec la Religion absolument comme si elle n'existait pas* [1]

quirit ut humana societas constituatur super fundamentis mere humanis, nullo habito respectu ad Religionem perinde ac si ea non existeret [1].

III. La loi morale, régulatrice des actions humaines, est radicalement séparable de la religion, et cette loi n'a nul besoin d'une sanction divine [2].

III. Lex moralis actionum humanarum moderatrix est a Religione radicitus separabilis, nec ulla indiget divina sanctione [2].

IV. L'intelligence humaine est renfermée dans les limites des sensations ; la morale, dans le calcul des intérêts ; la politique, dans les combinaisons de la force [3].

IV. Intelligentia humana intra sensationum fines sistit ; doctrina moralis in utilitatum supputatione ; politices in virium conjunctione [3].

V. L'énergie spontanée de l'intelligence humaine est telle que toute révélation divine est inutile pour l'ordre social [4].

V. Ea est intelligentiæ humanæ spontanea vis ut omnis divina Revelatio sit ordini sociali inutilis [4].

VI. Le dogme du péché originel et le dogme de la régénération du genre humain tout entier par Jésus-Christ n'a aucun rapport

VI. Dogma de peccato originali, ac dogma de instauratione totius humani generis per Christum nihil confert ad præsentem societatis conditionem ejusque leges agnoscendas [4].

avec la condition présente et les lois qu'elle reconnaît.

VII. Immutabilitas dogmatum christianorum obstat progressui societatis [6].

VII. L'invariabilité des dogmes chrétiens est un obstacle au progrès social [6].

VIII. Christianismus prout ab Ecclesia catholica traditur neque exercuit, neque natura sua exercere potest influxum salutarem in jus civile, in jus politicum atque in jus gentium [8].

VIII. Le Christianisme, tel qu'il est enseigné par l'Église catholique, n'a pas exercé et n'est pas de nature à exercer une influence salutaire sur le droit civil, le droit politique et le droit des gens [8].

IX. Doctrina evangelica de mutuo fraterno auxilio non respicit nisi personas privatas, neque unquam applicari potest relationibus internationalibus politicis in favorem guberniorum legitimorum, quæ injuste hostes sive externi sive interni agressi fuerint [9].

IX. La doctrine évangélique sur l'assistance fraternelle ne concerne que les individus, et elle n'est applicable, en aucun cas, aux rapports réciproques des sociétés politiques, en faveur de gouvernements légitimes injustement attaqués par des ennemis intérieurs ou extérieurs [9].

X. Piratica jure divino erga privatas personas prohibita, licita est contra Status [11].

X. La piraterie, interdite par la loi de Dieu envers les particuliers, est licite à l'égard des États [11].

II

Des deux Puissances

XI. Le bien de la société humaine exige qu'il n'y ait pas deux puissances distinctes, l'une spirituelle, l'autre temporelle [12].

XII. L'union de l'ordre spirituel et de l'ordre temporel détruit la distinction des deux puissances, et implique l'absorption, par le pouvoir spirituel, des droits qui sont de l'essence du pouvoir temporel [13].

XIII. L'union de l'ordre spirituel et de l'ordre temporel est essentiellement contraire à la bonne constitution des sociétés humaines [14].

XIV. L'union de l'ordre spirituel et de l'ordre temporel doit être considérée comme un état accidentel

II

De duabus Potestatibus

XI. Humanæ societatis bonum postulat, ne duæ distinctæ sint potestates, altera spiritualis, temporalis altera [12].

XII. Ordinis temporalis ac spiritualis unio destruit utriusque potestatis distinctionem, efficitque ut spiritualis potestas absorbeat essentialia jura civilis potestatis [13].

XIII. Conjunctio utriusque potestatis temporalis ac spiritualis est essentialiter contraria bonæ societatum humanarum constitutioni [14].

XIV. Hæc duarum potestatum conjunctio spectari debet ut accidentalis et temporaria, juxta circumstantias alicujus epochæ, minime vero tanquam normalis conditio societatis per Christianismum regeneratæ [15].

et passager, déterminé par les circonstances d'une époque, et non comme l'état normal de la société régénérée par le Christianisme [15].

XV. In qualibet recte constituta societate legislatio actusque regiminis debent tanquam regulam sectari indifferentiam systematicam inter veritatem et errorem in negocio Religionis [16].

XV. Dans toute société bien constituée, la législation et les actes du gouvernement doivent avoir pour règle une indifférence systématique entre la vérité et l'erreur en matière de religion [16].

XVI. Licet theologice verum sit unamquamque nationem christianam debere partem constituere unius ejusdemque Ecclesiæ universalis uni Capiti supremo subjectæ; politice tamen utile foret ut quælibet earum constitueret Ecclesiam nationalem sub primatu respectivi Imperantis [17].

XVI. S'il est théologiquement vrai que chaque nation chrétienne doive faire partie d'une seule et même Église universelle, soumise à un Chef suprême, il serait politiquement utile que chacune d'elles constituât une Eglise nationale sous la suprématie du Chef de l'État [17]

XVII. Politica Gubernia tam clero quam populo imponere possunt ectheses seu formularia theologica,

XVII. Les gouvernements politiques peuvent imposer, soit au Clergé, soit aux Fidèles, des ecthèses ou formulaires théologiques, *alors même qu'ils seraient de telle nature qu'ils ne puissent pas être approuvés* par le Saint-Siège ou par les Conciles généraux [19].

licet ejusmodi sint quæ nequeant ab Apostolica Sede aut ab œcumenicis Conciliis probari [19].

XVIII. Les Évêques et les Prêtres qui, de nos jours, sont jetés en prison, ou persécutés d'une façon quelconque parce qu'ils ne reconnaissent qu'au pouvoir spirituel, et nullement au pouvoir civil, le droit d'ordonner des prières et des cérémonies religieuses, ne doivent pas être considérés comme souffrant pour la défense d'un principe catholique [20] (1).

XVIII. Episcopi et Presbyteri, qui his temporibus carceribus mancipantur vel alio modo vexantur, eo quod recognoscunt in spirituali potestate, minime vero in civili, jus præscribendi preces et cœremonias religiosas, non sunt habendi tanquam persecutionem patientes ob defensionem alicujus principii catholici [20].

XIX. L'Église ne doit rien prescrire qui oblige ou puisse obliger la conscience des fidèles relative-

XIX. Ecclesia nihil debet decernere quod obstringat, aut obstringere possit fidelium conscien-

(1) On remarquera sans peine que la Commission du Syllabus a voulu rendre la proposition générale par la suppression des mots : « Dans quelques contrées de l'Italie ».

tiam in ordine ad christianum usum rerum temporalium [22].

XX. Opponitur spiritui Evangelii quod Ecclesia bona temporalia possideat nec ipsa legitime acceptare potest aut acquirere proprietates seu possessiones ad ministrorum sustentationem, ad cultus exercitium, et pauperum levamen [23].

ment à l'usage chrétien des choses temporelles [22]

XX. Il est contraire à l'esprit de l'Evangile que l'Église possède des biens temporels, et elle ne peut légitimement recevoir ou acquérir des propriétés destinées à l'entretien de ses ministres, aux besoins du culte et à l'assistance des pauvres [23].

III

De Potestate spirituali

XXI. Ecclesiæ regimen a Christo Jesu institutum non est vere monarchicum [24].

XXII. Possunt Gubernia legitime impedire circulationem vitæ catholicæ ponendo obstacula relationibus Apostolicæ Sedis cum variis catholicitatis partibus [25].

III

De la Puissance spirituelle

XXI. Le gouvernement de l'Église instituée par Jésus-Christ n'est pas vraiment monarchique [24].

XXII. Les gouvernements peuvent légitimement entreprendre d'arrêter la circulation de la vie catholique, en mettant obstacle aux relations du Saint-Siège avec les différentes parties de la catholicité [25].

XXIII. Un Évêque ou un Concile général s'écarte des règles de la théologie, en défendant d'enseigner dans le ressort de sa juridiction, que les jugements les plus importants et les plus solennels du Souverain Pontife ont besoin d'une sanction extrinsèque [26].

XXIV. Les lois de l'Église ne deviennent obligatoires en conscience, que moyennant une promulgation ou publication faite par le pouvoir civil [27].

XXV. Lorsqu'il se présente des cas de nécessité ou de grande utilité, dans lesquels le Pape doit exercer son pouvoir par des actes placés en dehors ou au-dessus des canons en vigueur dans toute l'Église, ce n'est pas à lui qu'il appartient de juger si ces cas existent [28].

XXVI. Il n'appartient pas au Pape de décider si

XXIII. Episcopus aut Concilium generale a Theologiæ regulis deflectit, dum intra suæ jurisdictionis ambitum prohibet quominus doceatur judicia gravioris momenti ac solemniora Romani Pontificis indigere extrinseca sanctione [26].

XXIV. Ecclesiæ leges non obligant in conscientia, nisi cum promulgantur a civili potestate [27].

XXV. Cum necessitatis aut magnæ utilitatis casus sese offerunt, in quibus potestatem suam Pontifex exercere debet per actus qui sint extra aut supra Canones in universa Ecclesia vigentes, ipsius non est decernere utrum ejusmodi casus existant necne [28].

XXVI. Ad Romanum Pontificem non spectat

statuere, utrum usus et consuetudines Ecclesiarum particularium debeant necne conservari [29].

les usages et coutumes des Eglises particulières doivent être maintenus [29].

XXVII. Nulla ecclesiastica potestas, neque ipse summus Pontifex aut œcumenicum Concilium potest excommunicationis sententiam ferre in supremum Imperantem [30].

XXVII. Aucune autorité ecclésiastique, y compris le Pape et le Concile général, n'a le droit d'excommunier un Souverain [30].

XXVIII. Auctoritas spiritualis Romani Pontificis est suapte natura potestati civili infensa [31].

XXVIII. L'autorité spirituelle du Pontife Romain est naturellement hostile à celle du pouvoir civil [31].

IV

De temporali Principatu Romani Pontificis

IV

De la Souveraineté temporelle du Pontife Romain

XXIX. Primus ex Romanis Pontificibus, qui acceptavit potestatem temporalem, ac Principes qui ad eam constituendam concurrerunt, errarunt [33].

XXIX. Le premier Pontife Romain qui a accepté une Souveraineté temporelle et les Princes qui ont contribué à cette institution ont erré [33].

XXX. Dominatio temporalis Romani Pontificis

XXX. La souveraineté temporelle du Pontife Romain est contraire à la doctrine de l'Évangile [34].

XXXI. Elle n'est pas d'une haute importance pour les intérêts spirituels de la Catholicité, et elle n'est pas compatible avec les principes d'un bon gouvernement temporel [35-36].

XXXII. Il est faux que cette souveraineté temporelle du Pape revête un caractère spirituel en vertu de sa destination sacrée [37].

XXXIII. Un Pape, qui prononce une excommunication contre les envahisseurs des États de l'Église, n'emploie les armes spirituelles que dans un intérêt mondain [39].

XXXIV. L'excommunication prononcée par le Concile de Trente, et par la Bulle *Cœnæ*, contre les envahisseurs des domaines écclésiastiques, re-

adversatur doctrinæ evangelicæ [34].

XXXI. Hæc dominatio temporalis non est magni momenti pro spiritualibus catholicitatis negotiis, neque potest componi cum principiis boni civilis regiminis [35-36].

XXXII. Falsum est dominationem temporalem Summi Pontificis vi suæ sacræ destinationis induere characterem spiritualem [37].

XXXIII. Romanus Pontifex cum excommunicationis sententiam pronunciat contra invadentes Status Ecclesiæ, utitur armis spiritualibus ad mundanum dumtaxat bonum prosequendum [39].

XXXIV. Excommunicatio lata in Concilio Tridentino ac in Bulla *Cœnæ* contra invadentes dominationes ecclesiasticas innititur confusioni ordinis spiritualis et ordinis civilis ac politici [40].

XXXV. Principia et juramenta quibus se obstringunt Pontifices ad conservandam integritatem Statuum Ecclesiæ eo tantummodo spectant, ut ipsi non distrahant quamlibet partem in favorem suorum propinquorum [41].

XXXVI. Orbis Catholicus nullum habet jus ad tuendam conservationem et integritatem dominii temporalis Papæ [42].

XXXVII. Catholicorum conscientia considerare non debet concursum quem ipsi præbere possunt utilitati dominii temporalis Sanctæ Sedis, nisi ut negocium, quod nullum præ se fert characterem spiritualem seu religiosum [43].

pose sur une confusion de l'ordre spirituel et de l'ordre civil et politique [40].

XXXV. Les principes et les serments qui obligent les Papes à maintenir l'intégrité des États de l'Église se réduisent à cette règle qui les astreint à ne pas distraire une partie quelconque de leurs États en faveur de leurs propres parents [41].

XXXVI. Le monde catholique n'a aucune espèce de droit à la conservation et à l'intégrité du pouvoir temporel du Pape [42].

XXXVII. La conscience des catholiques ne doit considérer le concours qu'ils peuvent prêter aux intérêts temporels du Saint-Siège que comme une affaire qui n'a aucun caractère *spirituel* ou religieux [43].

V

Du Pouvoir temporel

XXXVIII. L'existence d'un pouvoir dans chaque société politique n'est pas nécessaire de droit divin [44].

XXXIX. Le précepte énoncé par l'apôtre Saint Paul en ces termes : « Que toute âme soit soumise aux puissances supérieures » n'exprime qu'une obligation transitoire, et ne s'applique ni à toutes les époques, ni à tous les genres de société [45].

XL. *La volonté du peuple ou suffrage populaire est d'une autorité telle, par elle-même, qu'elle n'a besoin d'aucune raison pour la validité de ses actes.*

XLI. *Les principes séditieux en vertu desquels chaque monarque n'est*

V

De Potestate temporali

XXXVIII. In qualibet politica societate necessaria non est existentia potestatis jure divino [44].

XXXIX. Præceptum Pauli Apostoli quod continetur his verbis = omnis anima subdita sit potestatibus sublimioribus = temporariam dumtaxat inducit obligationem, neque omnibus epochis omnibusque generibus societatis applicari potest [45].

XL. Voluntas populi seu populare suffragium ejusmodi est per se auctoritatis, ut nulla indigeat ratione ad suorum actuum validitatem.

XLI. Principia seditiosa, quorum vi quilibet supremus Princeps non est nisi primus populi deputatus, identica sunt cum sanæ Theologiæ doctrinis.

que le premier commis du peuple sont identiques aux doctrines d'une saine théologie.

XLII. In casu gravium ac perseverantium abusuum jus exurgit immo debitum insurrectionis [49].

XLII. En cas d'abus graves et prolongés, l'insurrection est un droit, et même un devoir [49].

XLIII. Principia insurrectionis, quæ proclamata sunt in favorem recentium eventuum in Italia, concordant cum sanæ Theologiæ doctrina circa tyrannidem [50].

XLIII. Les principes d'insurrection, proclamés en faveur d'événements récents en Italie, concordent avec la doctrine d'une saine théologie sur la tyrannie [50].

XLIV. Institutio Principatus hæreditarii opponitur principiis juris naturalis, ac spiritui Evangelii [51].

XLIV. La monarchie héréditaire est une institution contraire aux principes du droit naturel et à l'esprit de l'Évangile [51].

XLV. Traditio Ecclesiæ catholicæ doctrinam continet despotismo faventem [52].

XLV. La tradition de l'Église catholique renferme un enseignement favorable au despotisme [52].

XLVI. In qualibet christiana politica societate nullum reperitur jus quod suum principium seu fon-

XLVI. En toute société politique, chrétiennement constituée, il n'y a aucun droit qui n'ait son principe

et sa source dans le droit illimité de l'Etat [53]

tem non habeat in jure illimitato Status [53].

VI

De la Famille

XLVII. La société domestique ou la famille tire de la seule loi civile la légitimité de son existence [54].

XLVIII. Il est à désirer pour le bien de la société, qu'il soit généralement reconnu que les conditions essentielles du lien conjugal doivent varier au gré des gouvernements et des opinions nationales [55].

XLIX. Le progrès social doit amener l'abolition de l'indissolubilité du mariage [56].

L. Les causes matrimoniales ne regardent pas les juges ecclésiastiques [57].

LI. Le précepte promulgué par saint Paul, sur

VI

De Familia

XLVII. Societas domestica, seu familia, a lege tantum civili suæ existentiæ legitimatem derivat [54].

XLVIII. Optandum ad societatis bonum ut universim admittatur conditiones essentiales conjugalis vinculi immutari debere ad Guberniorum et opinionum nationalium nutum [55].

XLIX. Progressus socialis inducere debet abolitionem indissolubilitatis vinculi conjugalis [56].

L. Causæ matrimoniales non spectant ad judices eccleiasticos [57].

LI. Præceptum ab Apostolo promulgatum de subjectione uxoris viro suo adversatur legitimæ emancipationi feminæ ; quod si præteritis temporibus bonum extitit, non item dicendum pro futuris [58].

la soumission que la femme doit à son mari, est contraire à la légitime émancipation de la femme ; ou, s'il a été bon pour le passé, il ne l'est pas pour l'avenir [58].

VII

De Proprietate

LII. Proprietas non minus adversatur legi justitiæ quam legi charitatis christianæ, neque fundatur in jure naturæ et gentium, sed unice in jure civili [60-61].

LIII. Conforme est sanæ theologiæ ac juris publici doctrinæ quod Gubernia sint vera proprietaria bonorum, quæ obtinent ecclesiæ, familiæ religiosæ, hospitia, aliaque pia loca nec non provinciæ et civitates [62].

VII

De la Propriété

LII. La propriété n'est pas moins contraire à la loi de justice qu'à la loi de charité chrétienne, et elle n'est pas fondée sur le droit naturel et le droit des gens, mais uniquement, sur le droit civil [60-61].

LIII. Il est conforme aux saines doctrines de la théologie et du droit public d'admettre que les gouvernements sont les vrais propriétaires des biens possédés par les églises, les corporations religieuses, les hospices, et autres lieux pies, les provinces et les communes [62].

LIV. Les règles de la théologie morale sur la charité, suivant lesquelles il est dit que les riches doivent prendre sur leur superflu pour subvenir aux nécessités des pauvres, n'expriment qu'un conseil et non un précepte [63].

LIV. Quæ a Theologia Morali traduntur de charitate, vi cujus divites quod superest in pauperum levamen impendere teneantur, consilium non vero præceptum continent [63].

LV. La bonne économie politique exige que, dans chaque État, il soit interdit aux particuliers et à l'Église d'exercer la charité à l'égard des indigents [64].

LV. Optimæ œconomiæ ratio in quolibet Statu exigit civibus et Ecclesiæ interdici, quominus charitas erga inopes exerceatur [64].

VIII

Du Socialisme en matière de propriété et en matière d'éducation.

VIII

De Socialismo relate ad proprietatem et educationem.

LVI. Les propriétés, les enfants, l'éducation des enfants et les droits des parents appartiennent à la nation et découlent de la concession qu'elle en fait [65-66].

LVI. Proprietates, filii, eorum educatio, ac jura parentum ad nationem pertinent et ab ejus concessione dimanant [65-66].

LVII. Bona proinde societatis constitutio exigit ut natio, quæ per Statum repræsentatur sub una alterave forma, directe aut indirecte monopolium habeat omnium institutionum ac domiciliorum educationis, omniumque proprietatum sive individualiter sive collective sumantur [67].

LVII. La bonne constitution de la société demande que la nation, représentée par l'Etat, ait, sous une forme ou sous une autre, directement ou indirectement, le monopole de tous les établissements d'éducation et de toutes les propriétés individuelles ou collectives [67].

IX

De Statu Religioso.

IX

De l'Etat religieux.

LVIII. Obligationes speciales, quæ Ordinum Religiosorum essentiam constituunt, ex Evangelio originem non trahunt [68].

LVIII. Les obligations spéciales qui constituent fondamentalement les Ordres religieux n'ont pas leurs racines dans l'Évangile [68].

LIX. Perpetuitas votorum religiosorum, perinde ac indissolubilitas vinculi conjugalis, oppugnari potest solidis rationibus fundatis in naturæ humanæ inconstantia, in jure

LIX. La perpétuité des vœux religieux peut, ainsi que l'indissolubilité du lien conjugal, être combattue par des raisons solides, fondées sur l'inconstance de la nature humaine, les exigences de la liberté et les règles de la prudence [70].

LX. Les Communautés religieuses qui ne sont pas vouées à des œuvres extérieures de charité n'ont pas une raison légitime d'existence [71].

LXI. La saine politique exige que les gouvernements catholiques aient pour maxime et pour règle de mettre, *a priori*, en état de suspicion, les Ordres religieux [74].

libertatis ac in prudentiæ regulis [70].

LX. Communitates religiosæ quæ operibus exterioribus charitatis minime devoventur, nullam existentiæ rationem legitimam habent [71].

LXI. Juxta recta politica principia statui debet ut Religiosi Ordines a Guberniis catholicis a *priori* tanquam suspecti habeantur [74].

X

De l'Ordre matériel.

LXII. Quoi qu'il en soit de la fin dernière des individus dans un autre monde, le but suprême auquel les sociétés politiques doivent subordonner et rapporter toutes leurs lois et toutes leurs actions, est la culture et la perfection de l'ordre matériel [75].

X

De Ordine materiali.

LXII. Quidquid sit de ultimo uniuscujusque hominis fine in altera vita, finis supremus ad quem societates politicæ debent omnes leges omnesque actiones dirigere, est cultura et perfectio ordinis materialis [75].

LXIII. Principia Evangelii eo tendunt ut extenuent et fere extinguant legitimos activitatis humanæ progressus in ordine materiali [77].

LXIII. Les maximes de l'Évangile ont pour effet de paralyser et d'étouffer presque les développements légitimes de l'activité humaine dans l'ordre matériel [77].

LXIV. Elementum materiale sibi primas partes vindicare debet in juventutis educatione [78].

LXIV. L'élément matériel doit prédominer dans l'éducation de la jeunesse [78].

LXV. Lex religiosa, quæ vetat quibusdam diebus servilia opera exercere ad Dei cultui vacandum, principiis bonæ œconomiæ politicæ adversatur [79].

LXV. La loi religieuse, qui prescrit, à certains jours, la cessation des travaux matériels pour favoriser la culture spirituelle, est contraire aux principes d'une bonne économie politique [79].

XI

De variis Calumniis ac injuriis prolatis nostris temporibus.

XI

Des diverses calomnies et injures proférées ou renouvelées à l'époque actuelle.

LXVI. Regimen temporale summorum Pontificum flagellum extitit pro incolis Statuum Ecclesiæ ac totius Italiæ [80].

LXVI. Le gouvernement temporel des Papes a été un fléau pour les habitants des États de l'Église et pour l'Italie entière [80].

LXVII. Les formules d'excommunication adoptées par le Saint-Siège renferment des expressions contraires à la dignité des choses saintes [81].

LXVIII. Les protestations des Evêques du monde catholique en faveur de la Souveraineté temporelle du Pape, ont été l'effet de passions politiques [82].

LXIX. En donnant des témoignages de satisfaction et des encouragements à l'association pour la *Propagation de la Foi*, aux *Conférences de Saint-Vincent-de-Paul*, et autres sociétés analogues, les Papes ont approuvé des institutions hypocrites, qui affichent un but, et en poursuivent un autre [83].

LXX. Les exercices religieux extraordinaires ou missions que donnent des prêtres séculiers ou régu-

LXVII. Formulæ, quibus utitur Sancta Sedes in excommunicationibus ferendis, dicendi modos continent rerum sanctarum dignitati contrarios [81].

LXVIII. Protestationes Episcoporum Catholici Orbis in favorem dominii temporalis Summi Pontificis a studio partium politicarum originem traxerunt [82].

LXIX. Romani Pontifices testimonia satisfactionis et incitamenta præbendo *associationi pro Fidei propagatione et collationibus a Sancto Vincentio e Paula* nuncupatis, aliisque ejusmodi societatibus, probarunt institutiones hypocritas, quæ dum unum simulant finem, alium intendunt [83].

LXX. Exercitia spiritualia extraordinaria seu missiones, quibus ex mandato episcopi operam dant

Sacerdotes sivè sœculares, sive regulares, non alium generatim effectum producunt, quam vanum Religionis rumorem, et natura sua paci publicæ sunt infensa [84].

liers appelés à cet effet par les Evêques, ne produisent en général qu'un vain bruit de religion, et sont par eux-mêmes contraires à la paix publique [84].

En transmettant ce *Syllabus* aux théologiens consulteurs, le cardinal Caterini leur demanda d'appliquer à chaque proposition la censure théologique dont elle leur paraîtrait susceptible, et d'indiquer en même temps les motifs sur lesquels ils appuyaient cette censure.

CHAPITRE II

REMANIEMENT DE LA COMMISSION DU SYLLABUS. TRAVAUX ET SÉANCES

Les travaux que réclama semblable critique furent tels, que Pie IX crut devoir augmenter le nombre des théologiens ; et de trois, il le porta à douze. La lettre que le Cardinal Caterini écrivit à chacun d'eux pour lui notifier le choix du Souverain Pontifé, montre bien quelle restait toujours la pensée maîtresse du Saint-Siège. « Dans le but de prévenir les fidèles contre les pernicieuses doctrines qui, de nos jours, sapent l'intégrité de la foi, la pureté de la morale et l'influence des vérités religieuses et sociales, Sa Sainteté a résolu de *condamner par le moyen d'une* **Bulle apostolique** *les principales erreurs modernes*. A cet effet, Elle a, sous *le secret pontifical*, daigné nommer une commission de théologiens — parmi lesquels votre Seigneurie illustrissime — qui devra examiner avec le plus grand soin les propositions ciincluses (1), tirées des faux principes du jour, et préparer les éléments nécessaires pour leur condamnation. » Avec cette lettre, le Cardinal-président faisait encore remettre aux théologiens consulteurs « deux votes analogues — des précédents théologiens, sans doute — de nature à leur faciliter beaucoup l'étude des dites propositions ».

Comme pour les précédents, le lecteur aimera sans doute à connaître le nom des douze théologiens sur lesquels avait porté le choix de Pie IX. C'étaient : Mgr Vincent *Spaccapietra*, archevêque d'Ancyre ; — Mgr Joseph *Cardoni*, évêque titulaire de Cariste ; — Mgr Pie *Delicati* ; — R. P. Bonfils *Mura*, prieur général des Servites de Marie ; — R. P. Guillaume *de Cesare*, abbé général de la Congrégation bénédictine de Montevergine ; — R. P. Jean *Strozzi*, abbé général de la Congrégation des Chanoines réguliers de Saint-Sauveur de Latran ; — R. P. Salvatore d'*Ozieri*, ex-ministre général de l'Ordre des Frères- Mineurs Capucins ; — Chanoine D. Philippe *Cossa* ; — les RR. PP. *Gatti* et *de Ferrari*, de l'Ordre des Frères-Prêcheurs ; — R. P. Bernard *Smith*, bénédictin du Mont-Cassin ; R. R. Jean *Perrone*, de la Compagnie de Jésus.

Des réunions ou sessions générales eurent lieu les 10 — 12 — 14 — 17 — 20 — 24 — 28 septembre. Mais après cette dernière réunion, Mgr Jacobini dut partir pour l'Espagne en qualité d'ablégat du Saint-Siège, à l'occasion de l'élévation au Cardinalat des archevêques

(1) Dans le *Syllabus*, dont nous venons de donner le texte au chapitre 1er.

de Burgos et de Compostelle. On ne pourvut pas directement à son remplacement; mais Mgr Delicati fut nommé prosecrétaire. Et cet incident ralentit si peu les travaux de la Commission, qu'un billet du Cardinal Caterini nous montre le président disposé à « se prêter à la correction des épreuves ».

Dans ces réunions, on jouissait naturellement de la plus entière liberté. On formulait son avis ; on discutait celui des autres ; s'il était nécessaire, on revenait à plusieurs reprises sur la même question ; parfois même, l'on chargeait un des théologiens d'écrire un travail spécial qu'on lisait ensuite, qu'on discutait et qu'on appréciait en public comme en particulier. A qui réclamerait la preuve de cette liberté de discussion, il suffirait de rappeler le dissentiment existant entre les théologiens consulteurs au sujet des censures à appliquer à chaque proposition. En vue d'obtenir un jugement à la fois « plus mûr, et, autant que faire se pourra, plus uniforme », le Cardinal Caterini fit imprimer un certain nombre d'*Observations sur les soixante-dix propositions*, et en fit remettre un exemplaire à chaque membre de la Commission. Parmi ces observations — au nombre de huit — la quatrième portait : « Ont encore paru obscures les propositions 11 — 12 — 13 — 14 ; et c'est pour cela sans doute qu'il est si difficile de leur appliquer la juste note théologique. » Pour remédier à cette difficulté et obtenir du même coup l'uniformité de jugement, les auteurs des propositions avaient modifié le texte des propositions susdites. Aux théologiens consulteurs à décider si l'on pouvait — ou non — conserver ce nouveau texte ; à eux encore de faire toutes observations qui leur paraîtraient opportunes, vu l'importance des questions en jeu. — Les séances durent être animées, si nous en jugeons par les procès-verbaux de Mgr Delicati et les notes de Mgr Jacobini.

CHAPITRE III

TROISIÈME PROJET DE SYLLABUS

Quel fut le résultat de ces divers travaux ? Des soixante-dix propositions du *Syllabus*, neuf furent éliminées, — quelques autres modifiées dans leur texte. Chacune d'elles était accompagnée d'une ou plusieurs censures. Le catalogue de ces propositions fut, ainsi qu'il résulte d'une lettre du cardinal Caterini, imprimé vers la mi-février de l'année 1862, sous ce titre : THESES **ad Apostolicam Sedem delatæ et Censuræ a nonnullis theologis propositæ**. Les voici (1) :

I. Le progrès de la civilisation demande que la société humaine soit constituée sur des bases pure-

I. Progressus civilis requirit ut humana societas constituatur super fundamentis mere humanis,

(1) Le chiffre placé après le texte latin se réfère aux propositions du précédent *Syllabus* (chap. Ier) ; et celui placé après la traduction se réfère aux propositions de Mgr Gerbet (vol. I, chap. VII, p. 41).

nullo habito respectu ad religionem, perinde ac si ea non existeret [2].

(Impia, injuriosa religioni, in atheismum inducens, subversiva ordinis moralis, et verbo Dei contraria).

II. Lex moralis, actionum humanarum moderatrix, est a religione radicitus separabilis, nec ulla indiget sanctione divina [3].

(Complexive sumpta falsa, impia, hæresim sapiens et erronea.

III. Intelligentia humana intra sensationum fines sistit ; doctrina moralis, in utilitatum supputatione ; politices, in sola materialium virium conjunctione [4].

(Complexive sumpta falsa ; quoad primam partem, materialismum invehens et hæresi proxima ; quoad secundam partem, totius moralitatis eversiva ; quoad tertiam partem, ordinis moralis et socialis destructiva).

ment temporelles, sans le moindre rapport avec la religion, absolument comme si elle n'existait pas [1].

(Impie, injurieuse à la religion, portant à l'athéisme, subversive de l'ordre moral, et contraire à la parole de Dieu).

II. La loi morale, régulatrice des actions humaines, est radicalement séparable de la religion, et n'a nul besoin d'une sanction divine [2].

(Fausse en tant que prise dans son ensemble, impie, sentant l'hérésie et erronée).

III. L'intelligence humaine est renfermée dans les limites des sensations ; la doctrine morale, dans le calcul des intérêts ; la politique, dans les seules combinaisons de la force matérielle [3].

(Fausse en tant que prise dans son ensemble ; portant au matérialisme et proche de l'hérésie dans sa première partie ; subversive de toute moralité dans la seconde partie ; destructive de l'ordre moral et social dans la troisième partie).

IV. L'énergie spontanée de l'intelligence humaine est telle que toute révélation divine est inutile pour l'ordre social [4].

(Hérétique).

V. Le dogme du péché originel et le dogme de la régénération du genre humain tout entier par Jésus-Christ n'a aucun rapport avec la condition présente de la société et les lois qu'elle reconnaît [4].

(Fausse, erronée, et proche de l'hérésie).

VI. L'invariabilité des dogmes chrétiens est un obstacle au progrès social [6].

(Fausse, injurieuse à la Religion chrétienne, sentant l'hérésie).

VII. Le Christianisme, tel qu'il est enseigné par l'Église catholique, n'a pas exercé et n'est pas de nature à exercer une influence salutaire sur le droit civil, sur le droit politique, pas même sur le droit des gens [8].

IV. Ea est intelligentiæ humanæ spontanea vis, ut omnis divina revelatio sit ordini sociali inutilis [5].

(Hæretica).

V. Dogma de peccato originali, ac dogma de instauratione totius generis humani per Christum, nihil confert ad præsentem societatis conditionem, ejusque leges agnoscendas [6].

(Falsa, erronea, et hæresi proxima).

VI. Immutabilitas dogmatum christianorum obstat progressui societatis [7].

(Falsa, christianæ Religioni injuriosa, sapiens hæresim).

VII. Christianismus, prout ab Ecclesia Catholica traditur, neque exercuit, neque natura sua exercere potest influxum salutarem in jus civile, in jus politicum, neque in jus gentium [8].

(Falsa, erronea, Ecclesiæ injuriosa, et quatenus supponit Christianismum melius tradi posse, quam in Ecclesia catholica, hæretica).

(Fausse, erronée, injurieuse à l'Église, et hérétique, en tant qu'elle suppose que le Christianisme peut être mieux enseigné que ne l'enseigne l'Église catholique).

VIII. Doctrina evangelica de mutuo fratrum auxilio non respicit nisi personas privatas ; neque unquam applicari potest relationibus politicis in favorem legitimorum guberniorum, quæ injuste hostes sive interni sive externi aggressi sunt [9].

VIII. La doctrine évangélique sur l'assistance fraternelle ne concerne que les personnes privées et ne peut jamais être appliquée aux rapports politiques en faveur de gouvernements légitimes que des ennemis intérieurs ou extérieurs ont injustement attaqués [9].

(Perniciosa societati, seditiosa, juris publici et gentium destructiva, hæretica.

(Funeste à la Société, séditieuse, destructive du droit public et du droit des gens, hérétique).

IX. Bonum societatis christianæ postulat ne spiritualis potestas sit a civili potestate distincta et independens [11].

IX. Le bien de la société chrétienne exige que le pouvoir spirituel ne soit point distinct et indépendant du pouvoir civil [12].

(Falsa et hæretica).

(Fausse et hérétique).

X. Spiritualis potestatis distinctio et independentia a civili efficit, ut spiritualis potestas absorbeat essentialia jura civilis potestatis [12].

X. La distinction et l'indépendance du pouvoir spirituel vis-à-vis du pouvoir civil fait que le pouvoir spirituel absorbe les droits qui sont de l'essence du pouvoir civil [13].

(Falsa et hæretica).

(Fausse et hérétique).

XI. Cette distinction et cette indépendance du pouvoir spirituel vis-à-vis du pouvoir civil doit être regardée comme un état accidentel et passager, et nullement comme la condition normale de la société régénérée par le Christ [16].

(Fausse et hérétique).

XII. Dans toute Société bien constituée, la législation et les actes du gouvernement doivent avoir pour règle une indifférence systématique entre la vérité et l'erreur en matière de religion [16].

(Impie, conduisant à l'indifférentisme, injurieuse à la droite raison et à la religion).

XIII. S'il est théologiquement vrai que chaque nation chrétienne doive faire partie d'une seule et même Église universelle, soumise à un seul Chef suprême ; il serait toutefois politiquement utile que chacune d'elles constituât

XI. Hæc spiritualis potestatis distinctio et independentia a civili potestate spectari debet ut accidentalis ac temporanea, minime vero tanquam normalis conditio societatis per Christum regeneratæ [14].

(Falsa et hæretica).

XII. In qualibet recte constituta societate legislatio actusque regiminis debent tanquam regulam sectari indifferentiam systematicam inter veritatem et errorem in negotio Religionis [15].

(Impia, indifferentismum inducens, rectæ rationi et religioni injuriosa).

XIII. Licet theologice verum sit unamquamque nationem christianam debere partem constituere unius ejusdemque Ecclesiæ universalis, uni capiti supremo subjectæ ; politice tamen utile foret ut quælibet eorum constitueret Ecclesiam nationalem, sub primatu respectivi imperantis [16].

(In schisma inducens, et hæresi proxima).

XIV. Politica gubernia tam clero, quam populo imponere possunt ectheses seu formularia theologica, licet ejusmodi sint, quæ nequeant ab Apostolica sede, aut ab œcumenicis conciliis probari [17].

(Schismatica et hæretica).

XV. Ecclesia nihil debet decernere, quod obstringere possit fidelium conscientias in ordine ad usum rerum temporalium [19].

(Hæretica).

XVI. Opponitur spiritui Evangelii, quod Ecclesia bona temporalia possideat, nec ipsa legitime acceptare potest aut acquirere proprietates seu possessiones ad ministrorum sustentationem, ad cultus

une Église nationale sous la suprématie du chef d'État respectif [17].

(Poussant au schisme, et proche de l'hérésie).

XIV. Les gouvernements politiques peuvent imposer soit au clergé soit au peuple des ecthèses ou formulaires théologiques, fussent-ils de telle nature qu'ils ne pussent être approuvés ni par le Siège Apostolique ni par les Conciles généraux [19].

(Schismatique et hérétique).

XV. L'Église ne doit rien prescrire qui puisse astreindre les consciences des fidèles quant à l'usage des choses temporelles [22].

(Hérétique).

XVI. Il est contraire à l'esprit de l'Évangile que l'Église possède des biens temporels, et elle ne peut légitimement recevoir ou acquérir des propriétés ou possessions destinées à l'entretien des ministres, à l'exercice du culte et au soulagement des pauvres [23].

(Déjà condamnée dans le Concile de Constance et dans la Bulle de Martin V, et hérétique).

exercitium et pauperum levamen [20].

(Dudum damnata in Concilio Constantiensi et in Bulla Martini V, ac hæretica).

XVII. Le gouvernement de l'Église institué par Jésus-Christ n'est pas vraiment monarchique [24].

(Hérétique et contraire à la définition du Concile de Florence).

XVII. Ecclesiæ regimen a Christo Jesu institutum non est vere monarchicum [21].

(Hæretica et contraria definitioni Concilii Florentini).

XVIII. Les gouvernements peuvent légitimement empêcher la circulation de la vie catholique, en mettant obstacle aux relations du Siège Apostolique avec les différentes parties de la Catholicité [25].

(Favorable au schisme et à l'hérésie, éversive de la Constitution de l'Église et de la liberté, injurieuse au Siège Apostolique).

XVIII. Possunt gubernia legitime impedire circulationem vitæ catholicæ, ponendo obstacula relationibus Apostolicæ sedis cum variis Catholicitatis partibus [22].

(Schismati et hæresi favens, Ecclesiæ constitutionis et libertatis eversiva, Sedi Apostolicæ injuriosa).

XIX. Un Evêque ou un Concile provincial s'écarte des règles de la théologie lorsque, dans le ressort de sa juridiction, il défend d'enseigner que les juge-

XIX. Episcopus aut concilium provinciale a theologiæ regulis deflectit, dum intra suæ jurisdictionis ambitum prohibet, quominus doceatur, judicia gravioris momenti ac solemniora Romani Pontificis indigere sanctione civili [23].

(Injuriosa auctoritati Ecclesiæ, schismati, et hæresi favens, et quatenus supponit judicia gravioris momenti et solemniora Romani Pontificis indigere sanctione civili, hæretica).

ments les plus importants et les plus solennels du Pontife Romain ont besoin de la sanction civile [26].

(Injurieuse à l'autorité de l'Eglise, favorable au schisme et à l'hérésie, et hérétique en tant qu'elle suppose que les jugements les plus importants et les plus solennels du Pontife Romain ont besoin de la sanction civile).

XX. Ecclesiæ leges non obligant in conscientia, nisi cum promulgantur a civili potestate [24].

(Hæretica).

XX. Les lois de l'Église n'obligent en conscience que lorsqu'elles sont promulguées par le pouvoir civil [27].

(Hérétique).

XXI. Cum necessitatis aut magnæ utilitatis casus sese offerunt in quibus potestatem suam Romanus Pontifex exercere debet per actus, qui sint extra aut supra canones in universa Ecclesia vigentes, ipsius non est decernere, utrum ejusmodi casus existant necne [25].

(Detrahens potestati Summi Pontificis, eidem injuriosa et ad minus erronea).

XXI. Lorsqu'il se présente des cas de nécessité ou de grande utilité dans lesquels le Pontife Romain doit exercer son pouvoir par des actes placés en dehors ou au-dessus des canons en vigueur dans toute l'Eglise, ce n'est pas à lui qu'il appartient de décider si ces cas existent ou non [28].

(Restrictive du pouvoir du Souverain Pontife, injurieuse au Pape, et pour le moins erronée).

XXII. Il n'appartient pas au Pontife Romain de décider si les usages et coutumes des églises particulières doivent — ou non — être maintenus [29].

(Téméraire, lésant le pouvoir du Pontife Romain, et proche de l'hérésie).

XXII. Ad Romanum Pontificem non spectat statuere, utrum usus et consuetudines ecclesiarum particularium debeant necne conservari [26].

(Temeraria, potestatis Romani Pontificis læsiva, et proxima hæresi).

XXIII. Aucune autorité ecclésiastique, non pas même le Souverain Pontife ou un Concile œcuménique, ne peut porter une sentence d'excommunication contre un Souverain [30].

(Hérétique).

XXIII. Nulla ecclesiastica potestas, neque ipse summus Pontifex, aut Concilium œcumenicum potest excommunicationis sententiam ferre in supremum Imperantem [27].

(Hæretica).

XXIV. L'autorité spirituelle du Pontife Romain est de sa nature hostile au pouvoir civil [31].

(Fausse et hérétique).

XXIV. Auctoritas spiritualis Romani Pontificis est suapte natura potestati civili infensa [28].

(Falsa et hæretica).

XXV. Le premier parmi les Pontifes Romains qui accepta une souveraineté temporelle et les princes qui aidèrent à la constituer, ont erré [33].

(Téméraire, erronée, et con-

XXV. Primus ex Romanis Pontificibus, qui acceptavit potestatem temporalem, ac principes, qui ad eam constituendam concurrerunt, errarunt [29].

(Temeraria, erronea et constanti Ecclesiæ doctrinæ contraria).

XXVI. Dominatio temporalis Romani Pontificis adversatur doctrinæ Evangelicæ [30].

(Hæretica).

XXVII. Hæc dominatio temporalis non est magni momenti pro spiritualibus Catholicitatis negotiis, neque potest componi cum principiis boni civilis regiminis [31].

(Complexive sumpta falsa, hæresim sapiens et erronea).

XXVIII. Falsum est, dominationem temporalem summi Pontificis vi suæ sacræ destinationis induere indolem spiritualem [32].

(Erronea, contraria Concilio Tridentino, et Constitutionibus Apostolicis).

XXIX. Romanus Pontifex cum excommunicationis sententiam pronuntiat contra invadentes Status Ecclesiæ, utitur armis spi-

traire à la doctrine constante de l'Église).

XXVI. La souveraineté du Pontife Romain est contraire à la doctrine de l'Evangile [34].

(Hérétique).

XXVII. Cette souveraineté temporelle n'est point d'une haute importance pour les intérêts spirituels de la Catholicité, et n'est pas compatible avec les principes d'un bon gouvernement temporel [35-36].

(Fausse quant à l'ensemble, sentant l'hérésie, et erronée).

XXVIII. Il est faux que la souveraineté temporelle du Souverain Pontife revête un caractère spirituel en vertu de sa destination sacrée [37].

(Erronée, contraire au Concile de Trente et aux Constitutions Apostoliques).

XXIX. Lorsque le Pontife Romain prononce une sentence d'excommunication contre les envahisseurs des États de l'Église, il n'emploie les armes spirituelles que dans un intérêt purement mondain [39].

(Fausse, téméraire, captieuse, injurieuse aux Pontifes Romains, erronée).

ritualibus ad mundanum dumtaxat bonum prosequendum [33].

(Falsa, temeraria, captiosa, injuriosa Romanis Pontificibus, erronea).

XXX. L'excommunication portée par le Concile de Trente et la Bulle *Cœnæ* contre les envahisseurs des domaines Ecclésiastiques, repose sur une confusion de l'ordre spirituel et de l'ordre civil et politique [40].

(Fausse, téméraire, injurieuse au Concile de Trente et aux Pontifes Romains, proche de l'hérésie).

XXX. Excommunicatio lata in Concilio Tridentino ac in Bulla *Cœnæ* contra invadentes dominationes Ecclesiasticas, innititur confusioni ordinis spiritualis et ordinis civilis ac politici [34].

(Falsa, temeraria, injuriosa Concilio Tridentino et Romanis Ponticibus, hæresi proxima).

XXXI. Les Principes et les serments par lesquels les Papes s'obligent à maintenir l'intégrité des Etats de l'Église tendent seulement à ce qu'ils n'en distraient point une partie quelconque en faveur de leurs parents [41].

(Fausse).

XXXI. Principia et juramenta, quibus se obstringunt Pontifices ad conservandam integritatem Statuum Ecclesiæ, eo tantummodo spectant, ut ipsi non distrahant quamlibet eorum partem in favorem suorum propinquorum [35].

(Falsa).

XXXII. Le monde ca-

XXXII. Orbis Catholicus

nullum habet jus ad tuendam conservationem et integritatem dominii temporalis Papæ [36].

(Falsa, temeraria, erronea).

XXXIII. Catholicorum conscientia considerare non debet concursum, quem ipsi præbere possunt utilitati dominii temporalis Sanctæ Sedis, nisi ut negotium quod nullum præ se fert characterem spiritualem seu religiosum [37].

(Falsa, temeraria, pietati fidelium detrahens, et ad minus erronea).

XXXIV. In qualibet politica societate necessaria non est existentia potestatis jure divino [38].

(Politicæ potestatis destructiva, hæretica).

XXXV. Præceptum Pauli Apostoli, quod continetur his verbis : *omnis anima subdita sit potestatibus sublimioribus*, temporariam dumtaxat inducit obligationem, neque omnibus

tholique n'a aucun droit à défendre la conservation et l'intégrité du pouvoir temporel du Pape [42].

(Fausse, téméraire, erronée).

XXXIII. La conscience des catholiques ne doit considérer le concours qu'ils peuvent prêter aux intérêts de la Souveraineté temporelle du Saint-Siège que comme une affaire qui n'a aucun caractère spirituel ou religieux [43].

(Fausse, téméraire, nuisible à la piété des fidèles, et pour le moins erronée).

XXXIV. L'existence d'un pouvoir de droit divin n'est point nécessaire dans chaque société politique [44].

(Destructive du pouvoir politique, hérétique).

XXXV. Le précepte de Saint Paul Apôtre contenu dans ces mots : *que toute âme soit soumise aux puissances supérieures*, revêt simplement une obligation transitoire, et n'est applicable ni à toutes les époques ni à tous les genres de Société [45].

(Hérétique).

XXXVI. La volonté du peuple, ou suffrage universel, est d'une autorité telle, par lui-même, qu'il n'a besoin d'aucune raison pour la validité de ses actes [46].

(Hérétique, en tant qu'elle regarde la volonté du peuple ou suffrage universel comme la loi suprême, indépendante du droit naturel et divin).

XXXVII. Les principes en vertu desquels chaque monarque n'est que le premier commis du peuple, sont identiques avec les principes d'une saine théologie [48].

(Fausse, injurieuse à la théologie, et séditieuse).

XXXVIII. Les principes d'insurrection, proclamés en faveur d'événements récents en Italie, concordent avec la doctrine d'une saine théologie au sujet de la tyrannie [50].

epochis omnibusque generibus societatis applicari potest [39].

(Hæretica).

XXXVI. Voluntas populi, seu populare suffragium, ejusmodi est per se auctoritatis, ut nulla indigeat ratione ad suorum actorum validitatem [40].

(Quatenus constituat voluntatem populi seu suffragium populare supremam legem independentem a jure naturali et divino, hæretica).

XXXVII. Principia, quorum vi quilibet supremus Princeps non est nisi primus populi deputatus, identica sunt cum sanæ theologiæ principiis [41].

(Falsa, injuriosa theologiæ, et seditiosa).

XXXVIII. Principia insurrectionis, quæ proclamata sunt in favorem recentium eventuum in Italia, concordant cum sanæ theologiæ doctrina circa tyrannidem [43].

(Falsa, theologiæ injuriosa).

XXXIX. Institutio principatus hæreditarii opponitur principiis juris naturalis ac spiritui Evangelii [44].

(Falsa, erronea et hæresi proxima).

XL. Traditio Ecclesiæ Catholicæ doctrinam continet tyrannidi seu despotismo faventem [45].

(Falsa et hæretica).

XLI. In qualibet christiana politica societate nullum reperitur jus, quod suum principium seu fontem non habeat in jure illimitato Status [46].

(Falsa et hæretica).

XLII. Societas domestica seu familia a lege tantum civili suæ existentiæ legitimitatem derivat [47].

(Falsa, contraria juri naturali et divino, quatenus vero intelligatur de societate seu familia christiana, hæretica).

XLIII. Ad societatis

(Fausse, injurieuse à la théologie).

XXXIX. L'institution d'une monarchie héréditaire est contraire aux principes de droit naturel et à l'esprit de l'Évangile [51].

(Fausse, erronée et proche de l'hérésie).

XL. La tradition de l'Église catholique renferme un enseignement favorable à la tyrannie ou au despotisme [52].

(Fausse et hérétique).

XLI. En toute société politique chrétienne, il n'y a aucun droit qui n'ait son principe ou sa source dans le droit illimité de l'État [53].

(Fausse et hérétique).

XLII. La société domestique ou la famille tire de la seule loi civile la légitimité de son existence [54].

(Fausse, contraire au droit naturel et divin, hérétique si on l'entend de la société ou famille chrétienne).

XLIII. Il faut, pour le

bien de la société chrétienne, admettre de façon générale que les conditions essentielles du lien conjugal doivent varier au gré des gouvernements et des opinions nationales [55].

(Hérétique).

XLIV. Le progrès social doit amener l'abolition de l'indissolubilité du lien conjugal [56].

(Hérétique).

XLV. Les causes matrimoniales ne regardent pas les juges ecclésiastiques [57].

(Hérétique).

XLVI. Le précepte promulgué par l'Apôtre sur la soumission de la femme à son mari, est contraire à la légitime émancipation de la femme; et s'il a été bon pour le passé, on ne saurait dire de même pour l'avenir [58].

(Impie et hérétique).

XLVII. La propriété n'est pas moins contraire

christianæ bonum est universim admittendum, conditiones essentiales conjugalis vinculi mutari debere ad guberniorum et opinionum nationalium nutum [48].

(Hæretica).

XLIV. Progressus socialis inducere debet abolitionem indissolubilitatis vinculi conjugalis [49].

(Hæretica).

XLV. Causæ matrimoniales non spectant ad judices ecclesiasticos [50].

(Hæretica).

XLVI. Præceptum ab Apostolo promulgatum de subjectione uxoris viro suo, adversatur legitimæ emancipationi feminæ : quod si præteritis temporibus bonum extitit, non item dicendum de futuris [51].

(Impia et hæretica).

XLVII. Proprietas non minus adversatur legi justitiæ, quam legi charitatis christianæ, neque fundatur in jure naturæ et gentium, sed unice in jure civili [52].

(Falsa et hæretica).

XLVIII. Conforme est sanæ theologiæ ac juris publici doctrinæ, quod gubernia sint vera proprietaria bonorum, quæ obtinent ecclesiæ, familiæ religiosæ, hospitia, aliaque loca pia [53].

(Falsa, contraria Concilio Tridentino (*sess.* XXII, II, *De refor.*), et alias damnata in constitutione, cujus initium : *Licet juxta ea* (*Jo.* XXII, IV *Kal. novembr.* 1327).

XLIX. Optima œconomiæ politicæ ratio in quolibet statu exigit civibus et Ecclesiæ interdici, quominus charitas erga inopes exerceatur [55].

(Perniciosa, jurium Ecclesiæ

à la loi de justice qu'à la loi de charité chrétienne, et elle n'est point fondée sur le droit de nature et le droit des gens, mais uniquement sur le droit civil [60-61].

(Fausse et hérétique).

XLVIII. Il est conforme à la saine théologie et aux doctrines du droit public que les gouvernements soient les vrais propriétaires des biens que possèdent les églises, les corporations religieuses, les hospices et autres lieux pies [62].

(Fausse, contraire au Concile de Trente (*ses.* XXII, II, *De reform.*), et déjà condamnée dans la Constitution qui commence par ces mots : *Licet juxta ea* (*Jo.* XXII, IV *Kal. novembr.* 1327).

XLIX. La bonne économie politique réclame que, dans chaque État, il soit interdit aux citoyens et à l'Église d'exercer la charité envers les indigents [64].

(Pernicieuse, lésant les droits

de l'Église et des particuliers, et contraire aux saints canons).

(et privatorum læsiva, et sacris canonibus contraria).

L. Les propriétés et les enfants appartiennent de telle sorte à la nation que les droits de propriété et les droits des parents sur les enfants et leur éducation découlent d'une concession de la nation [65-66].

L. Proprietates et filii ita ad nationem pertinent, ut jura proprietatis et jura parentum in filios eorumque educationem a nationis concessione dimanent [56].

(Prise dans son ensemble, impie, contraire au droit naturel et divin).

(Complexive sumpta impia, juri naturali ac divino contraria).

LI. En conséquence, la bonne constitution de la société demande que la nation représentée par l'État, ait, sous une forme ou sous une autre, directement ou indirectement, le monopole de tous les établissements et maisons d'éducation, et de toutes leurs propriétés, qu'elles soient ou individuelles ou collectives [67].

LI. Bona proinde societatis constitutio postulat, ut natio quæ per Statum repræsentatur, sub una alterave forma, directe aut indirecte monopolium habeat institutionum ac domiciliorum educationis, eorumque proprietatum, sive individualiter sive collective sumantur [57].

(Erronée, pernicieuse, lésant le droit divin et le droit ecclésiastique).

(Erronea, perniciosa, juris divini et ecclesiastici læsiva).

LII. Les obligations spéciales, qui constituent

LII. Obligationes speciales, quæ ordinum religiosorum essentiam constituunt, ex Evangelio originem non trahunt [58].

(Hæretica).

LIII. Perpetuitas votorum religiosorum oppugnari potest solidis rationibus fundatis in naturæ humanæ inconstantia, in libertatis jure ac in prudentiæ regulis [59].

(Jam damnata in Bulla : *Auctorem fidei* [*Prop.* 84].

LIV. Communitates religiosæ quæ operibus exterioribus charitatis minime devoventur, nullam existentiæ legitimam rationem habent [60].

(Falsa, erronea, perniciosa, et hæresi proxima).

LV. Juxta recta politicas principia statui debet, ut religiosi Ordines a guberniis catholicis *a priori* tanquam suspecti habeantur [61].

(Injuriosa statui religioso, detrahens institutioni ab Eccle-

l'essence des ordres religieux, n'ont pas leurs racines dans l'Évangile [68].

(Hérétique).

LIII. La perpétuité des vœux religieux peut être combattue par des raisons solides fondées sur l'inconstance de la nature humaine, sur le droit à la liberté, et sur les règles de la prudence [70].

(Déjà condamnée dans la Bulle : *Auctorem fidei* (*Prop.* 84).

LIV. Les Communautés religieuses qui ne sont pas vouées à des œuvres extérieures de charité, n'ont aucune raison légitime d'existence [71].

(Fausse, erronée, pernicieuse et proche de l'hérésie).

LV. D'après les principes d'une saine politique, il faut que les Ordres religieux soient, *a priori*, mis en suspicion par les gouvernements catholiques [74].

(Injurieuse à l'état religieux, nuisible à une institution

approuvée par l'Église et fondée sur la parole de Dieu et suspecte d'hérésie).

LVI. Quoiqu'il en soit de la fin dernière de tout homme dans une autre vie, le but suprême auquel les sociétés politiques doivent rapporter toutes les lois et toutes les actions, c'est la culture et le perfectionnement de l'ordre matériel [75].

(Impie, favorable au matérialisme, erronée, subversive de l'ordre moral et matériel).

LVII. Les maximes évangéliques tendent à paralyser et presque à étouffer les développements légitimes de l'activité humaine dans l'ordre matériel [77].

(Fausse, injurieuse à la religion chrétienne, calomnieuse et proche de l'hérésie).

LVIII. L'élément matériel doit prédominer dans l'éducation de la jeunesse [78].

(Favorisant l'impiété, pernicieuse, erronée, contraire à la parole de Dieu).

LIX. La loi religieuse qui défend, à certains jours,

sia probatæ et fundatæ in verbo Dei, ac de hæresi suspecta).

LVI. Quidquid sit de ultimo uniuscujusque hominis fine in altera vita, finis supremus, ad quem societates politicæ debent omnes leges omnesque actiones dirigere, est cultura et perfectio ordinis materialis [62].

(Impia, materialismo favens, erronea, ordinis moralis ac socialis eversiva).

LVII. Principia Evangelica eo tendunt, ut extenuent et fere extinguant legitimos activitatis humanæ progressus in ordine materiali [63].

(Falsa, religioni christianæ injuriosa, calumniosa et hæresi proxima).

LVIII. Elementum materiale sibi primas partes vindicare debet in juventutis educatione [64].

(Impietati favens, perniciosa, erronea, verbo Dei contraria).

LIX. Lex religiosa, quæ vetat quibusdam diebus

servilia opera exercere da Dei cultui vacandum principiis bonæ œconomiæ politicæ adversatur [65].

(Impia, temeraria, Deo et Ecclesiæ injuriosa).

LX. Protestationes Episcoporum catholici orbis in favorem dominii temporalis Summi Pontificis a studio partium politicarum originem traxerunt [68].

(Falsa, temeraria, calumniosa, cetui Episcoporum injuriosa).

LXI. Exercitia spiritualia extraordinaria seu missiones, quibus ex mandato Episcopi operam dant sacerdotes sive sœculares sive regulares, non alium generatim effectum producunt, quam vanum religionis rumorem, et natura sua paci publicæ sunt infensa.

(Jam damnata in Bulla *Auctorem fidei* [*Prop.* 65]).

l'exercice des œuvres serviles pour vaquer au culte de Dieu, est contraire aux principes d'une bonne économie politique [79].

(Impie, téméraire, injurieuse à Dieu et à l'Église).

LX. Les protestations des Évêques du monde catholique en faveur de la souveraineté temporelle du Souverain Pontife ont pour origine les passions des partis politiques [82].

(Fausse, téméraire, calomnieuse, injurieuse au corps épiscopal).

LXI. Les exercices spirituels extraordinaires ou missions que donnent, par ordre de l'Évêque, des prêtres tant séculiers que réguliers, n'ont en général d'autre effet qu'un vain bruit de religion, et sont par eux-mêmes contraires à la paix publique.

(Déjà condamnée dans la Bulle *Auctorem fidei* [*Prop.* 65]).

CHAPITRE IV

CE TROISIÈME PROJET EST SOUMIS AUX ÉVÊQUES

C'est sous cette nouvelle forme que, par ordre de Pie IX, le futur *Syllabus* fut soumis aux trois cents Évêques qui, en l'année 1862, accoururent à Rome à l'occasion de la canonisation des martyrs japonais. Chacun d'eux devait d'abord — en s'aidant d'un théologien à son choix — étudier attentivement ces diverses propositions ainsi que les censures qui leur avaient été appliquées. Il devait ensuite transmettre au Cardinal Caterini toutes les observations qu'il croirait devoir formuler, soit par rapport à l'opportunité de la condamnation en général, — soit par rapport à chaque proposition et aux censures qui leur avaient été appliquées, — soit enfin par rapport à l'addition de nouvelles propositions méritant condamnation et censure. Et sur tout cela, Pie IX prescrivait un rigoureux silence.

Voici d'ailleurs la lettre du cardinal Caterini à chacun des Évêques présents à Rome.

Illustrissime et Révérendissime Seigneur,

Il n'y a pas bien longtemps, un certain nombre de propositions — tirées pour la plupart des doctrines perverses qui, en ces temps malheureux, circulent çà et là pour la perte des âmes — ont été déférées à ce siège du Bienheureux Pierre, afin qu'elles fussent soumises à son jugement, et, s'il était nécessaire, condamnées par son autorité suprême.

Or, Sa Sainteté Pie IX, Pontife suprême, — considérant qu'il est de son devoir apostolique de veiller à l'intégrité et à la pureté des doctrines tant de celles qui regardent la foi, que de celles qui ont trait à la moralité des actions humaines, — a chargé un certain

---

Illme ac Revme Domine,

Ad hanc Beati Petri sedem, veritatis magistram Fideique catholicæ custodem ac vindicem delatæ haud pridem sunt propositiones quam plurimæ ex perversis doctrinis deprompiæ, quæ in perniciem animarum passim grassantur miserrimo hoc tempore; ut scilicet propositiones ipsæ ejusdem S. Sedis subjicerentur judicio, et suprema auctoritate, si visum esset, damnarentur.

Jamvero Sanctissimus Dominus Pius IX, Pontifex Maximus, probe noscens Apostolici sui esse muneris sedulo invigilare integritati ac sinceritati doctrinarum, tum quæ fidem attingant, tum quæ moralem actionum humanarum naturam respiciant, quamplures ex dicta-

nombre de théologiens romains d'examiner avec soin la plupart de ces propositions. Et ceux-ci, après mûr examen, ont cru devoir appliquer à chaque proposition une censure particulière.

Toutefois, avant de rien décider sur cette question, le Saint-Père a cru opportun de consulter ses Vénérables Frères les Archevêques et Evêques qui accouraient à Rome pour assister à la cérémonie solennelle de la canonisation des vingt-six martyrs du Japon et du Bienheureux Michel de Sanctis.

En conséquence, le Saint-Père m'a ordonné de faire parvenir à Votre Grandeur un exemplaire de ces propositions, avec les censures que leur ont appliquées les

---

rum propositionum serie perpendendas commisit nonnullis in Urbe theologis, qui matura deliberatione adhibita singulas propositiones peculiari censura notandas duxerunt.

Verumtamen, Sanctissimus Pater, antequam de hujusmodi quæstione quidquam decerneret, opportunum ratus est sententiam accipere Venerabilium Fratrum Archiepiscoporum et Episcoporum, qui se in Urbem contulissent solemni interfuturi cœremoniæ, qua vigenti sex Beatis Viris pro catholica Fide in Japonia crudeli supplicio interemptis, nec non Beato Michaeli de Sanctis Confessori Sanctorum Cœlitum honores rite essent deferendi.

Quapropter Beatissimus Pater mihi mandavit ut Amplitudini Tuæ exemplar mitterem earumdem propositionum una cum censuris, quibus illas configendas

susdits théologiens. Vous devrez donc, après mûr examen, dire par écrit ce que vous pensez, non seulement de chaque proposition, mais aussi du genre de censure dont vous croirez devoir qualifier chaque proposition. N'hésitez pas davantage à formuler votre avis au sujet de l'opportunité de cette condamnation soit en général, soit concernant chaque proposition. Vous aurez aussi à indiquer les autres propositions qui vous paraîtraient mériter condamnation, avec le genre de censure que vous aurez cru devoir leur appliquer.

Nul n'ignore assurément que, dans sa sollicitude pastorale, le Souverain Pontife ne veut en tout ceci que sauvegarder l'intégrité de la Religion et le salut des âmes. Mais il veut aussi combattre et dissiper les mouvements d'opinion ou mieux les erreurs que, dans les

---

existimarunt memorati theologi, ut nimirum, accurato instituto examine, animi tui sensum scripto tradas tum de unaqualibet propositione, tum vero etiam de censuræ genere, quo propositiones singulas notandas putaveris. Nec præterea graveris aperire quid sentias de opportunitate damnationis tam universim quam singulatim spectata. Aliæ vero propositiones, quas damnatione dignas existimaveris, indicandæ pariter a Te erunt una cum censuræ genere, quo singulas plectendas judicaveris.

Profecto exploratum cuique est Summum Pontificem pro pastorali, qua urgetur, sollicitudine in hujusmodi negotio id unum spectare, ut Religionis incolumitati consulat salutique animarum, utque opinionum com-

troubles actuels, nous avons la douleur de voir se répandre et s'amplifier au grand détriment de la société.

Mais, par ordre de Sa Sainteté, vous aurez, sur tout ceci, à garder un silence *rigoureux*. Vous ne pourrez donc en parler à personne autre qu'aux Archevêques et Evêques avec lesquels vous pourrez en conférer et en disputer librement — mais également sous secret. Et de même qu'aux Évêques présents à Rome, le Souverain Pontife vous permet de choisir un homme éminent dans la science théologique et connu de Vous, afin qu'il vous soit de secours opportun dans l'examen que vous allez avoir à faire : mais lui aussi sera tenu au silence *rigoureux*. Enfin, vous aurez à me faire parvenir par une voie sûre, et dans l'espace de deux ou trois

---

menta, vel monstra potius, evertat ac dissipet, quæ in tanta rerum perturbatione cum maximo humanæ societatis detrimento serpere dolemus atque invalescere.

Porro jussu Sanctitatis Suæ de omni hac re *rigorosum* silentium servandum Tibi erit, neque proinde cum aliquo colloquendum, exceptis Archiepiscopis et Episcopis, quibuscum eodem sub secreto conferre ac disputationem instituere libere poteris. Tibi etiam, quemadmodum sacris Antistitibus in Urbe præsentibus, veniam facit summus Pontifex, ut virum in theologica facultate præstantem Tibique probatum eligere queas, cujus opera in hujusmodi instituendo examine opportune utaris, quique servandi *rigorosi* silentii obligatione pariter teneatur. Denique animadversiones tuas sententiamque scripto traditam tuoque sigillo munitam una

mois, vos remarques et votre avis écrits et munis de votre sceau, en même temps que l'exemplaire de ces propositions.

Voilà ce que j'avais à vous faire connaître par ordre du Saint-Père. Daignez...

P. Card. CATERINI.

---

cum dictarum propositionum exemplari, infra duorum vel trium mensium spatium, tuum erit ad me tuto transmittere.

Hæc de mandato SSmi Patris significanda a me erant Amplitudini Tuæ, cui observantiæ meæ testificationes exhibeo, ac fausta omnia et felicia precor a Domino.

Amplitudini Tuæ Illme ac Revme,
Datum Romæ ex ædibus meis hac die 10 maii 1862
Addictis. famulus

P. Card. CATERINI

CHAPITRE V

L'ALLOCUTION PAPALE DU 9 JUIN 1862

Tandis que les Évêques se livraient à l'examen des propositions du cardinal Caterini, Pie IX préparait son Allocution du 9 juin : *Maxima quidem*, où, parmi les erreurs condamnées, l'on en retrouve — sinon quant aux mêmes termes absolument — neuf de celles contenues dans les *Theses*.

Reproduire tout entière cette fière Allocution nous entraînerait trop loin. Mais nous nous reprocherions de l'omettre complètement et notre travail ne serait pas complet, nous semble-t-il.

Pourquoi faut-il, s'écrie le Pontife, que la joie de ce jour soit diminuée par tant de causes de chagrin et de deuil. Et alors Pie IX se met à dérouler sous les yeux de ses auditeurs les *erreurs principales de notre malheureux siècle*. « Vous connaissez en effet, Vénérables Frères, cette guerre implacable déclarée au catholicisme tout entier par ces mêmes hommes qui, ennemis de la croix de Jésus-Christ, impatients de la saine doctrine, unis entre eux par une coupable alliance, ignorent tout, blasphèment tout, et entreprennent d'ébranler les fondements de la société humaine, bien plus, de la renverser de fond en comble, si cela était possible ; de pervertir les esprits et les cœurs, de les remplir des plus pernicieuses erreurs et de les arracher à la religion catholique. Ces perfides artisans de fraudes, ces fabricateurs de mensonges ne cessent pas de faire sortir des ténèbres les monstrueuses erreurs des anciens temps, déjà tant de fois réfutées et vaincues par les plus sages et les plus savants écrits et condamnées par les plus sévères jugements de l'Église, de les exagérer en les revêtant de formes et de paroles nouvelles et fallacieuses et de les propager partout et de toute manière. Avec cet art détestable et vraiment satanique, ils souillent et pervertissent toute science, ils répandent pour la perte des âmes un poison mortel, ils favorisent une licence effrénée et les plus mauvaises passions, ils bouleversent l'ordre religieux et social, ils s'efforcent de détruire toute idée de justice, de vérité, de droit, d'honneur et de religion, et ils tournent en dérision, insultent et méprisent la doctrine et les saints préceptes du Christ. L'esprit se refuse et recule d'horreur à toucher, même légèrement, les principales de ces erreurs pestilentielles par lesquelles ces hommes, dans nos temps malheureux, troublent toutes les choses divines et humaines.

» Personne de vous n'ignore, vénérables Frères, que ces hommes détruisent complètement la cohésion nécessaire qui, par la volonté de Dieu, unit l'ordre naturel et l'ordre surnaturel, et qu'en même temps ils changent, renversent et abolissent le caractère propre, véritable, légitime de la Révélation divine, l'autorité, la constitution et la puissance de l'Église, et ils en arrivent à cette témérité d'opinion qu'ils ne craignent point de nier audacieusement toute vérité, toute loi, toute puissance, tout droit d'origine divine ; ils n'ont pas honte d'affirmer que la science de la philosophie et de la morale, ainsi que les lois civiles, peuvent et doivent ne pas relever de la révélation et décliner l'autorité de l'Église ; que l'Église n'est pas une société véritable et parfaite, pleinement libre, et qu'elle ne peut pas s'appuyer sur les droits propres et permanents que lui a conférés son divin Fondateur ; mais qu'il appartient à la puissance civile de définir quels sont les droits de l'Église et dans quelles limites elle peut les exercer. De là, ils concluent à tort que la puissance civile peut s'immiscer aux choses qui appartiennent à la religion, aux mœurs et au gouvernement spirituel, et même empêcher que les prélats et les peuples fidèles communiquent librement et mutuellement avec le Pontife Romain, divinement établi le Pasteur suprême de toute l'Église ; et cela afin de dissoudre cette nécessaire et très étroite union qui, par l'institution divine de Notre-Seigneur lui-même, doit exister entre les membres mystiques du corps du Christ et son Chef vénérable. Ils ne craignent pas non plus de proclamer avec ruse et fausseté, devant la multitude, que les ministres de l'Église et le Pontife Romain doivent être exclus de tous droits et de toute puissance temporelle.

» En outre, ils n'hésitent pas, dans leur extrême impudence, à affirmer que non seulement la révélation divine ne sert de rien, mais qu'elle nuit à la perfection de l'homme, qu'elle est elle-même imparfaite et par conséquent soumise à un progrès *continu et indéfini* qui doit répondre au progrès de la raison humaine. Aussi osent-ils prétendre que les prophéties et les miracles exposés et racontés dans les Livres Sacrés sont des fables de poètes ; que les saints mystères de notre foi sont le résultat d'investigations philosophiques ; que les livres de l'Ancien et du Nouveau Testament ne contiennent que des mythes, et que, ce qui est horrible à dire, Notre Seigneur Jésus-Christ est une fiction mythique. En conséquence, ces turbulents adeptes de dogmes pervers soutiennent que les lois morales n'ont pas besoin de sanction divine, qu'il n'est point nécessaire que les lois humaines se conforment au droit naturel ou reçoivent de Dieu la force obligatoire, et ils affirment que la loi divine n'existe pas. De plus, ils nient toute action de Dieu sur le monde et sur les hommes, et ils avancent témérairement que la raison humaine est tout à fait, indépendamment de Dieu, l'unique arbitre du vrai et du faux, du bien et du mal, qu'elle est à elle-même sa loi, et qu'elle suffit par ses forces naturelles à procurer le bien des hommes et des peuples. Tandis qu'ils font malicieusement dériver toutes les vérités de la religion de la force native de la raison humaine, ils accordent à chaque homme une sorte de droit primordial par lequel il peut librement penser et parler de la religion et rendre à Dieu l'honpeur et le culte qu'il trouve le meilleur selon son caprice.

» Or, ils en viennent à ce degré d'impiété et d'impudence qu'ils attaquent le ciel et s'efforcent d'éliminer Dieu lui-même. En effet, dans une méchanceté qui n'a d'égale que leur sottise, ils ne craignent pas d'affirmer que la divinité suprême, pleine de sagesse et de providence, n'est pas distincte de l'universalité des choses; que Dieu est la même chose que la Nature, sujet comme elle aux changements ; que Dieu en réalité se fait dans l'homme et dans le monde ; que tout est Dieu, que Dieu est une même substance, une même chose que le monde, et par suite qu'il n'y a point de différence entre l'esprit et la matière, la nécessité et la liberté, le vrai et le faux, le bien et le mal, le juste et l'injuste. Certes, rien de plus insensé, rien de plus impie, rien de plus répugnant à la raison même ne saurait être imaginé. Ils font dérision de l'autorité et du droit avec tant de témérité qu'ils ont l'impudence de dire que l'autorité n'est rien, si ce n'est la somme du nombre et de la force matérielle ; que le droit consiste dans le fait, que les devoirs des hommes sont un vain mot et que tous les faits humains ont force de droit.

» Ajoutant ensuite les mensonges aux mensonges, les délires aux délires, foulant aux pieds toute autorité légitime, tout droit légitime, toute obligation, tout devoir, ils n'hésitent pas à substituer à la place du droit véritable et légitime le droit faux et menteur de la force et à subordonner l'ordre moral à l'ordre matériel. Ils ne connaissent d'autre force que celle qui réside dans la matière. Ils mettent toute la morale et l'honneur à accumuler la richesse par quelque moyen que ce soit et à assouvir toutes les passions séparées. Par ces principes abominables, ils favorisent la rébellion de la chair contre l'esprit ; ils l'entretiennent et l'exaltent, et ils lui accordent ces dons et ces droits naturels qu'ils prétendent méconnus par la doctrine catholique ; méprisant ainsi l'avertissement de l'Apôtre qui s'écrie : « Si vous vivez selon la chair, vous mour- « rez ; si vous mortifiez la chair par l'esprit, vous vi- « vrez. » (1). Ils s'efforcent d'envahir et d'anéantir les droits de toute propriété légitime, et ils imaginent, par la perversité de leur esprit, une sorte de droit *affranchi de toute limite*, dont, selon eux, jouirait l'Etat, dans lequel ils prétendent témérairement voir la source et l'origine de tous les droits... »

(1) Si secundum carnem vixeritis, moriemini ; si autem spiritu facta carnis mortificaveritis, vivetis (Rom., c. VIII, v. 13).

CHAPITRE VI

LA RÉPONSE DES ÉVÊQUES A L'ALLOCUTION

A cette superbe Allocution, les 300 Évêques répondirent immédiatement par une *Déclaration* que le cardinal Mattei, doyen du Sacré-Collège, fut chargé de lire en leur nom. S'ils y affirmaient énergiquement la nécessité du pouvoir temporel, ils ajoutaient : « Mais nous ne nous étonnons pas que les droits du Saint-Siège soient si ardemment et si implacablement attaqués. Il y a déjà plusieurs années que la folie de certains hommes en est arrivée à ce point, non seulement de s'efforcer de rejeter toutes les doctrines de l'Église ou de les révoquer en doute, mais de se proposer de renverser de fond en comble la vérité chrétienne et la république chrétienne. De là, ces tentatives impies d'une vaine science et d'une fausse érudition contre les doctrines de nos saintes lettres et leur inspiration divine ; de là, ce soin perfide d'arracher la jeunesse à la tutelle maternelle de l'Église, pour la pénétrer des erreurs du siècle, souvent même en la soustrayant à toute éducation religieuse; de là, ces nouvelles et pernicieuses théories sur l'ordre social, politique et religieux, qui se répandent impunément partout...

» Nous, Évêques, afin que l'impiété ne feigne pas d'en ignorer ou n'ose le nier, nous condamnons les erreurs que vous avez condamnées, nous rejetons et détestons les doctrines nouvelles et étrangères qui se propagent partout au détriment de l'Église de Jésus-Christ... Cette protestation, dont nous demandons l'inscription dans les fastes publics de l'Église, nous la proférons en toute sincérité au nom de nos frères qui sont absents; soit de ceux qui, au milieu de tant d'angoisses, retenus par la force dans leurs maisons, pleurent aujourd'hui et se taisent; soit de ceux qui, empêchés par de graves affaires ou par leur mauvaise santé, n'ont pu se joindre à nous aujourd'hui ».

CHAPITRE VII

LA RÉPONSE DES ÉVÊQUES A LA COMMUNICATION DU SYLLABUS. — RETRAIT DES PROPOSITIONS

Mais quelle fut la réponse des évêques à la lettre du cardinal Caterini? *Les plus doctes* d'entre eux et ceux surtout qui étaient *sans préjugés* — c'est ainsi que s'exprimait un journal ultra libéral de l'époque — furent-ils d'avis qu'il n'y avait point lieu à condamnation, ou du moins que cette condamnation était inopportune?

Il put y avoir, sans doute, quelques réponses en ce sens; et si même il faut en croire les allégations du chanoine Maynard — mais sans texte à l'appui d'ailleurs — Mgr Dupanloup devrait être rangé parmi ces derniers. Dans sa *Vie du cardinal Wiseman* qui vient d'être récemment traduite en français, M. Ward écrit: « Quelques-uns des plus sages évêques, et en particulier Mgr Dupanloup, évêque d'Orléans, appréhendaient dans les circonstances d'alors une manifestation imprudente de l'indignation catholique. Les soixante et une propositions furent donc abandonnées. » (1). Toutefois la plupart de ces réponses diront, si jamais elles sont tirées de la poussière des archives du Saint-Office, que l'épiscopat, dans sa presque unanimité, approuva la condamnation projetée. S'il y eut quelques divergences — et ceci prouve simplement la liberté de penser et de juger qui existe dans l'Église — ce fut uniquement dans la désignation des notes à assigner aux diverses propositions.

Mais alors — demandera-t-on, peut-être — pourquoi le catalogue des soixante et une propositions ne fut-il point publié dans la forme où il avait été imprimé ? Pourquoi surtout Pie IX renonça-t-il à son idée d'une Bulle de condamnation? Nous avouons manquer de documents sur ce point. Mais est-il téméraire de croire que le motif principal, sinon l'unique, en fut dans la violation du secret si instamment demandé par Pie IX ? En octobre 1862, en effet, le *Mediatore*, journal hebdomadaire de Turin ouvertement hostile au Saint-Siège, publiait dans ses colonnes le texte même des propositions avec les censures correspondantes ; et le directeur du journal affirmait tenir ce texte d'une source aussi sûre qu'inattaquable — sans d'ailleurs livrer un nom quelconque. Cette publication, naturellement, donna lieu aux commentaires les plus violents et les plus haineux. Mais comment l'expliquer ? par une imprudence ? par une simple indiscrétion privée ? par une ruse de guerre? — Notons encore que l'évêque de

(1) Wilfrid Ward, *Le Cardinal Wiseman, sa vie, son temps*, II, p. 528.

Montréal, Mgr Bourget, est le *seul* qui ait cru pouvoir publier le texte des propositions dans une lettre pastorale du 25 décembre 1863 — si du moins le R. P. Theiner a été complet dans son *Recueil des Allocutions consistoriales, Encycliques et autres Lettres Apostoliques citées dans l'Encyclique et le Syllabus du 8 décembre 1864* (1). L'évêque ajoutait dans une note : « Ces » soixante et une propositions ont été notées et censu» rées par un grand nombre d'évêques et de théologiens » les plus éminents de Rome ».

(1) Paris. A. Le Clère et Cie, 1865.

TABLE DES MATIÈRES

Imprimerie Bussière. — Saint-Amand (Cher).

www.ingramcontent.com/pod-product-compliance
Lightning Source LLC
LaVergne TN
LVHW010037230826
846091LV00005B/1739
9782012782495